AF279271

ANA AUSÍN DÍAZ

APULEYO EDICIONES   FOMENTO DE VALORES   CUENTOS ILUSTRADOS

LA LETRA MÁGICA

APULEYO EDICIONES   FOMENTO DE VALORES   CUENTOS ILUSTRADOS

Tras mi propio divorcio, quise encontrar la forma de acercar a mis hijos de 5 y 7 años esta nueva realidad con un único deseo: protección. Este cuento fue un apoyo muy eficaz y por ello me gustaría compartirlo con familias en esta misma situación.

Este cuento está dedicado con todo mi amor a mis hijos, Lisa y Kevin.

Lisa además es la autora de las ilustraciones.

M vive entre nosotros, ¡¡¡pero no la podemos ver, tan sólo sentir...!!!

Resulta que la letra M es una letra mágica...

Hay muchas palabras importantes que la contienen o comienzan por ella:

Magia, MiMos, AMor, Maravilloso, Matrimonio, AMistad, FaMilia...

Y todas estas palabras tienen mucho que ver unas con otras.

Veréis en esta pequeña historia por qué...

Un día, una chica llamada Lucía paseaba por el parque mientras disfrutaba del sol y de las primeras amapolas de la primavera. Entonces vio pasar a un chico muy simpático y sonriente que tenía unos ojos tan alegres y vivos que parecían dos estrellitas. Se miraron, se sonrieron y entonces se sentaron en un banco a charlar.

—Hola, buenos días, me llamo Hugo, ¿y tú?

—Hola, yo me llamo Lucía.

Sin apenas darse cuenta, empezaron a hablar de muchas cosas: de las flores, de música, de naturaleza, de todo lo que les gustaba...

Estuvieron tan contentos hablando sin parar que no se dieron cuenta de que se estaba haciendo de noche. Entonces se despidieron y quisieron volver a verse al día siguiente para seguir charlando y riéndose juntos.

Así que se vieron otro día y otro y otro más...

Les gustaba mucho compartir momentos juntos. Se hicieron muy buenos amigos y, casi sin darse cuenta, la letra M apareció entre ellos.

Era la letra de la MAGIA.

MAGIA les rodeaba en forma de polvito invisible de alegres colores y fue construyendo su puente entre ellos.

Ellos no veían a MAGIA, pero la
sentían.
¡¡¡Se sentían tan felices juntos...!!!
¡¡¡MAGIA los había unido!!!

MAGIA

Entonces, empezaron a llegar a sus vidas muchas más letras M importantes. Llegaron: MIMOS y AMOR. Y cuando estas dos se juntan con MAGIA, ocurre algo increíble, algo MARAVILLOSO, como si fuera un MILAGRO:

¡Las M se van transformando en corazones!

Vosotros ya sabéis que el corazón es la casa del amor, ¿verdad? Y la casa del amor tiene muchas habitaciones:

La habitación para el amor entre un hombre y una mujer.

La habitación para el amor entre los papás y mamás y los hijos.

La habitación para el amor entre hermanos.

La habitación para el amor entre abuelos, tíos, primos, amigos...

La habitación para el amor por la naturaleza y los animales.

Y muchas más...

¡¡¡Cuanto más grande es el corazón, más amor cabe en él y más bonito es...!!!

Lucía y Hugo crearon muchos corazoncitos porque sentían MUCHO AMOR, había MUCHA MAGIA entre ellos y se daban MUCHOS MIMOS.

Al cabo del tiempo, Lucía y Hugo decidieron compartir su vida juntos y ya no se separaron el uno del otro.

¡Su vida juntos era una MARAVILLA!

Entonces, pensaron que todos estos corazoncitos eran muy valiosos y no querían perderlos, así que un buen día decidieron hacerse un collar con ellos. Y llegó una nueva letra M: MATRIMONIO.

MATRIMONIO quiere decir que Lucía y Hugo se casaron. Matrimonio es una unión; es la cuerdita del collar de corazones de amor que se hicieron Lucía y Hugo.

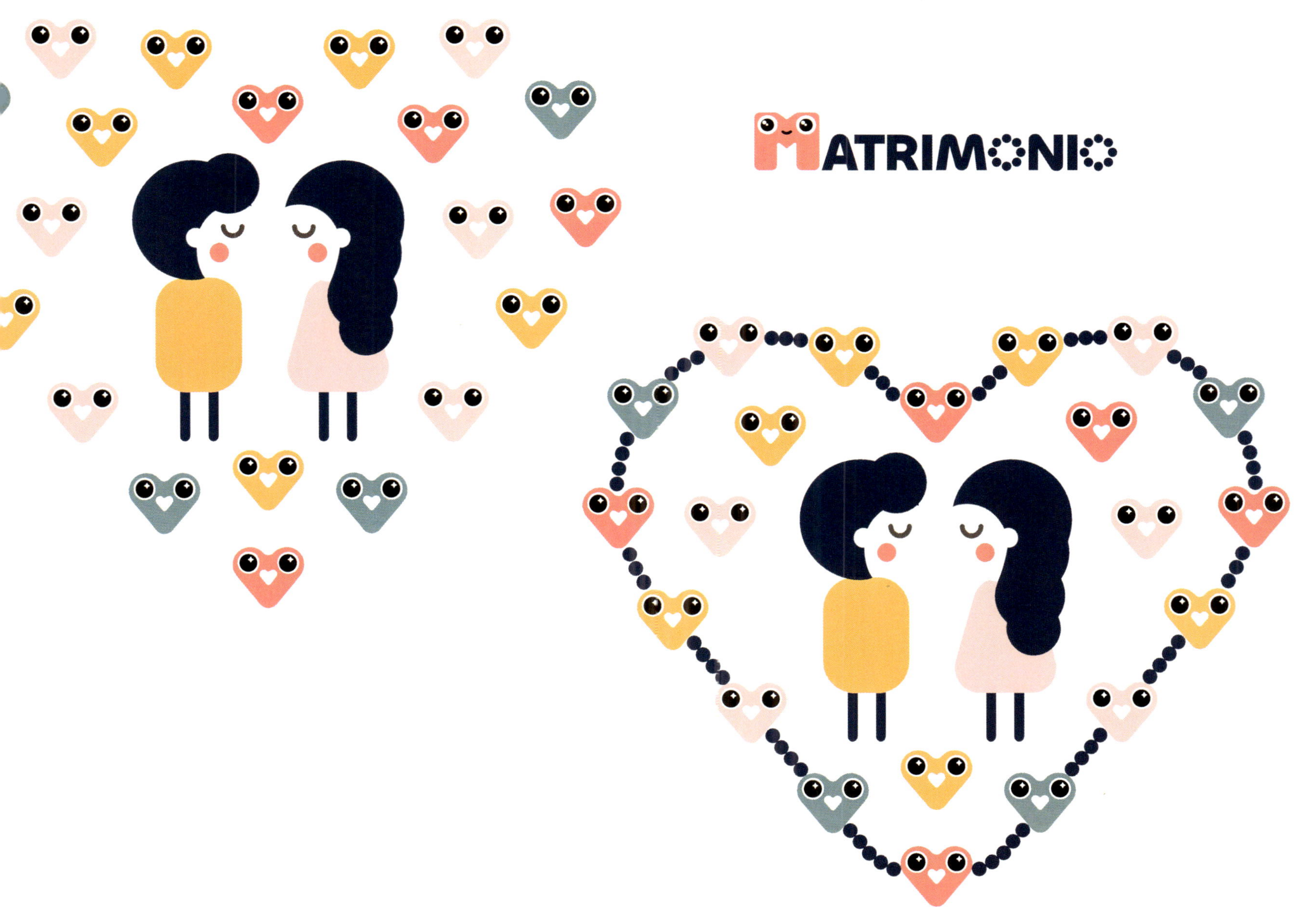

MATRIMONIO

Se fueron haciendo mayores juntos y su amor fue creciendo como un árbol. Y ¿sabéis qué ocurre con los árboles a veces? Que dan frutos.

Así, un buen día, el amor de Lucía y Hugo también dio sus frutos: sus hijos, Sofía y Lucas.

Los hijos son algo muy muy muy especial. Son un trocito de papá y un trocito de mamá. ¡¡¡Por eso un papá y una mamá NUNCA pueden dejar de querer a sus hijos!!!

Además, cuando los hijos nacen, ocurre algo muy sorprendente y también mágico. Se crea inmediatamente un collar fantástico entre los papás y los hijos, porque también llega MAGIA y se junta con MIMOS y AMOR, y con una M nueva: FAMILIA.

Sin embargo, este collar tiene algo especial que el collar de los padres no tiene:

¡¡¡ES IRROMPIBLE!!!

¿No es genial?
Pero sigamos con la historia de Lucía y Hugo.
Ellos formaron una familia con muchos collares. Y fueron creciendo todos.
¡¡¡Y fueron muy felices!!!
Sin embargo, el collar que se forma entre un papá y una mamá hay que cuidarlo mucho para que no se estropee con el tiempo. Y resulta que Lucía y Hugo no lo hicieron muy bien...

Empezaron a descuidar su collar de corazones hasta que un día terminó rompiéndose. Fue muy triste, y ya sabemos que en ocasiones nos ocurren cosas tristes que no queremos.

A veces no podemos hacer nada para evitarlas y tenemos que aprender a aceptarlas...

Al romperse el collar (MATRIMONIO), los corazoncitos de amor de Lucía y Hugo se desinflaron.

Y MAGIA se marchó, desvaneciéndose su polvito mágico entre ellos. También se marcharon de su lado MATRIMONIO, AMOR y MIMOS.

Fue entonces cuando Lucía y Hugo decidieron volver a vivir en casas diferentes, como vivían antes de haberse conocido en el parque aquel día.

Ahora ya no les gustaba estar todos los días juntos como antes. Sin embargo, se habían querido durante tanto tiempo que llegó AMISTAD y se quedó para siempre con ellos. Porque ellos siguieron siendo amigos, ¿eh?

Además, hubo otra letra M que se quedó para siempre entre todos ellos: FAMILIA.

FAMILIA

AMISTAD

Porque todos siguieron siendo una familia diferente, única y especial.

El collar de amor que había entre padres e hijos no se rompió jamás porque eran collares irrompibles, ¿recordáis?

Cuando Sofía y Lucas se hagan mayores, también se harán sus collares de corazoncitos. Y serán muy bonitos porque querrá decir que serán muy felices. También Lucía y Hugo pueden volver a hacerse collares nuevos si encuentran a otras personas con las que sean felices y vuelva a venir MAGIA. Serán collares diferentes, de otros colores y formas, pero también serán muy bonitos.

Y colorín, colorado, esta historia no se ha acabado... porque MAGIA quiere contaros una última cosita:

"Hola, chicos, ¿habéis cogido alguna vez una ramita de un árbol y la habéis intentado partir en dos? Como sois fuertes, seguro que lo habéis conseguido alguna vez. Pero yo os invito a que probéis algo: intentad coger unas cuantas ramitas, bueno, muchísimas ramitas a la vez y ponedlas juntas. Entonces intentad partirlas todas a la vez. ¿A que no conseguís romperlas?

Pues bien, ese grupo de ramitas es como el collar irrompible que yo hago entre los papás y los hijos cuando nacen. El amor entre ellos nunca se rompe".

Espero que os haya gustado esta historia y no olvidéis que lo más importante en esta vida y lo que tiene la M más gigante es: ¡¡¡EL AMOR!!!

Espero que tengáis un corazón muy grande y con muchas habitaciones para que quepa en él y se quede a vivir con vosotros. ¡¡¡Os hará muy felices!!!

©Ana Ausín Díaz (de la obra)
©Apuleyo Ediciones (de esta edición)
Primera edición en Apuleyo Ediciones: noviembre 2024
Diseño de cubierta: Ernesto Pérez Martínez
Corrección: Aitor Andreu Guerrero
Maquetación: Alejandro Bermejo Cercas
Ilustraciones: Lisa Ulrich Ausín
Coordinación editorial: Isidoro Cidre González
info@apuleyoediciones.com
www.apuleyoediciones.com
ISBN: 978-84-1060-295-3
Depósito legal: H 310-2024

No está permitida la reproducción total o parcial de este libro, ni su tratamiento informático, ni la transmisión de ninguna forma o por cualquier medio, ya sea electrónico, mecánico, por fotocopia, por registro u otros métodos, sin permiso previo y por escrito de los titulares del copyright.

Hecho e impreso en España.

LA LETRA MÁGICA

APULEYO EDICIONES   FOMENTO DE VALORES   CUENTOS ILUSTRADOS

ANA AUSÍN DÍAZ

APULEYO EDICIONES   FOMENTO DE VALORES   CUENTOS ILUSTRADOS